BRINCANDO NA CATEQUESE 2

Coleção Recursos Pedagógicos I

- *Brincando na catequese* – Rogério Bellini
- *Brincando na catequese 2* – Rogério Bellini
- *Dinâmicas em literatura infantil* – Maria Alexandre de Oliveira
- *Palavras mágicas* – Celina Santana

Rogério Bellini

BRINCANDO NA CATEQUESE 2

Ilustrações: Kico

Paulinas

Dados Internacionais de Catalogação na Publicação (CIP)
(Câmara Brasileira do Livro, SP, Brasil)

Bellini, Rogério
   Brincando na catequese, 2 / Rogério Bellini ; ilustrações Kico. — 4. ed. — São Paulo : Paulinas, 2011. – (Coleção recursos pedagógicos ; I).

Bibliografia
ISBN 978-85-356-2911-8

1. Educação religiosa para crianças. I. Kico. II. Título. III. Série.

11-10400   CDD-372.84

Índice para catálogo sistemático:
1. Educação religiosa: Ensino fundamental   372.84

Nenhuma parte desta obra pode ser reproduzida ou transmitida por qualquer forma e/ou quaisquer meios (eletrônico ou mecânico, incluindo fotocópia e gravação) ou arquivada em qualquer sistema ou banco de dados sem permissão escrita da Editora. Direitos reservados.

4ª edição – 2011
5ª reimpressão – 2024

Direção-geral
Flávia Reginatto

Editora responsável
Celina H. Weschenfelder

Auxiliar de edição
Márcia Nunes

Coordenação de revisão
Andréia Schweitzer

Revisão
Ana Cecilia Mari e Patrizia Zagni

Direção de arte
Irma Cipriani

Gerente de produção
Felício Calegaro Neto

Produção de arte
Sandra Regina Santana

Cadastre-se e receba nossas informações
www.paulinas.com.br
Telemarketing e SAC: 0800-7010081

Paulinas
Rua Dona Inácia Uchoa, 62
04110-020 – São Paulo – SP (Brasil)
📞 (11) 2125-3500
✉ editora@paulinas.com.br

© Pia Sociedade Filhas de São Paulo – São Paulo, 2005

Introdução

Olá, amigo(a) catequista!

É com alegria que compartilho com você a realização desta obra. *Brincando na catequese 2* traz 25 novas atividades para serem aplicadas em encontros catequéticos com crianças e adolescentes.

Foi pensando em você e em seu grupo de catequizandos que me senti motivado a continuar este trabalho. Confesso que, ao escrever o volume 1, não imaginava a sua repercussão. Nos encontros e formações dos quais participo, nos cursos que ministro, nas feiras e livrarias que visito, sempre recebo uma consideração positiva a respeito da obra e percebo que a sementinha plantada está florescendo em cada região do Brasil e de forma diferente. A criatividade dos catequistas está fazendo das sugestões apresentadas em meus trabalhos editoriais uma verdadeira fonte de evangelização.

A proposta de *Brincando na catequese 2* é oferecer a você, catequista, um material de consulta e aplicação prática, para que crianças e adolescentes aprendam brincando. Não se trata de receitas prontas, mas sim de atividades que podem ser recriadas a partir das ideias apresentadas e adaptadas à sua realidade local.

É importante ressaltar que o conteúdo mais valioso da obra é a ação transformadora que pode proporcionar. Sempre que finalizar uma atividade, avalie com os catequizandos os sentimentos vivenciados, as dificuldades encontradas, os pontos de crescimento e os destaques do jogo.

Espero que em sua comunidade essas novas sementinhas possam desabrochar as mais belas flores da alegria, do amor e da amizade. Que Deus nos regue!

Esquema de trabalho para oficinas

1. Realizar um levantamento das brincadeiras mais conhecidas, recordar as de infância e fazer uma pesquisa com os próprios catequizandos para descobrir as atividades preferidas por eles.
2. Anotar as brincadeiras citadas e readaptá-las para serem trabalhadas na catequese.
3. Levantar os principais objetivos, os conteúdos e os valores propostos no programa da catequese.
4. Provocar uma reflexão sobre os valores e os contravalores percebidos nas atividades e adaptá-las de forma que nenhum catequizando seja excluído por falta de habilidade ou limitação.
5. Relacioná-las a algum conteúdo ou a um texto bíblico.
6. Interagir com o grupo nas atividades.
7. Validar a brincadeira de acordo com os objetivos e com a avaliação e a partilha de sentimento dos catequizandos.

ACOLHIDA DOS CRISTÃOS

OBJETIVOS
- Despertar no catequizando o sentido de viver em comunidade, construir algo com o outro e acolher o diferente.
- Valorizar sentimentos de partilha, troca de experiências e unidade entre os cristãos.

COMO BRINCAR
- Você já brincou de *coelhinho sai da toca*? É bem legal! Em vez de coelhinho, temos o cristão e duas pessoas que formam a toca, no caso, a igreja. Os catequizandos formam trios: dois deles representam a igreja, posicionados um de frente para o outro, com as mãos entrelaçadas umas nas outras e com os braços esticados para cima. O terceiro será o cristão que permanecerá na igreja. Como animador do grupo, inicie a atividade. Quando disser *cristão*, todos os cristãos devem mudar de igreja. Aqueles que formam a igreja devem motivá-los e acolhê-los em sua formação. Nesse momento, entre em uma das igrejas, ocupando o lugar de um cristão. Este que fica fora escolhe o que vai dizer, por exemplo, *Igreja*, somente um dos que formam a igreja deixará o seu par para formar uma nova com outro colega. Aquele que ficar fora pode optar por *terremoto*, todas as igrejas são desfeitas para a formação de novas; e assim prossegue. Esta atividade nos leva a refletir sobre a preocupação conosco ou com os demais. Convém chamar o outro para formar uma comunidade conosco. A Igreja é formada pelo povo de Deus, portanto deve receber cristãos. Ao chamado *Igreja*, reflita sobre a importância de ser Igreja fora dos templos e também a respeito da partilha entre as comunidades cristãs, o ato de conhecer novas realidades – isso é importante para o crescimento dos movimentos e das pastorais da Igreja.

Pedi e vos será dado! Procurai e encontrareis!
Batei e a porta vos será aberta! (Mt 7,7)

Adoleta dos doze apóstolos

Objetivo
- Memorizar o nome dos doze apóstolos de Jesus.

Materiais
- Etiquetas adesivas
- Caneta hidrográfica

Como brincar
- Forme um grande círculo com os catequizandos de mãos dadas. Na sequência, cada um põe a mão esquerda embaixo da mão direita do outro e bate com a outra na mão direita do colega dizendo o nome de um dos apóstolos de acordo com a sequência a seguir. Para facilitar, pode-se fixar etiquetas adesivas com o nome dos apóstolos na palma da mão direita de cada um ou mesmo escrever com caneta hidrográfica.

1. Pedro
2. André
3. Filipe
4. Tomé
5. Mateus
6. João
7. Judas
8. Simão
9. Tadeu
10. Tiago (filho de Zebedeu)
11. Tiago (filho de Alfeu)
12. Barto / lo / meu

Quando o nome do apóstolo Bartolomeu estiver próximo, o catequizando deve ficar atento, pois aquele que receber o toque na sílaba *meu*, retira rapidamente a mão de cima da do colega. Caso o colega consiga acertar, o que for atingido deverá contar uma passagem bíblica de Jesus com os apóstolos. Se ele for bem-sucedido, o grupo dará uma salva de palmas, porém comunitária, ou seja, com os braços abertos, bata as palmas de suas mãos nas dos colegas de cada lado.

Jesus chama cada um pelo nome. (Jo 10,3)

BOLA MÁGICA DE SURPRESAS

OBJETIVOS
- Despertar o potencial criativo dos catequizandos.
- Incentivar o grupo para a construção de preces espontâneas.

MATERIAIS
- Caixa de som
- Músicas de animação
- Folhas de jornal ou papel de dobradura
- Folhas de sulfite
- Cola ou fita adesiva

COMO BRINCAR
- Prepare várias tiras de papel ou fitas adesivas com alguns comandos, como: imitar um animal, cantar, dizer uma citação bíblica, abraçar alguém com roupa azul. Cada tira deve ser fixada em uma folha (de jornal ou de dobradura) com cola. Junte as folhas de modo a formar uma bola. Preferencialmente, o comando da folha do miolo da bola solicita ao catequizando que finalize o encontro com uma oração espontânea de acordo com o tema abordado e, com a tira, pode ser colocada uma pequena lembrança, como um terço ou uma medalhinha. Ao som de uma música animada e em círculo, todos passam a bola mágica de mão em mão. Controle o som e, num determinado momento, interrompa a música. O catequizando que estiver com a bola retira uma folha, lê o comando em voz alta e executa-o. Ligue o som novamente. A atividade prossegue até a retirada da última folha.

Tudo tem seu tempo. Há um momento oportuno para cada coisa debaixo do céu. (Ecl 3,1)

Bolinhas missionárias

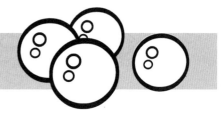

Objetivo

- Despertar no catequizando a importância da acolhida no processo da evangelização. Dessa forma, a presença, a atenção e o contato com o outro são valorizados. Como cristãos, devemos também buscar aqueles que se afastaram da comunidade (cf. Mt 18,11-14).

Material

- Bolinhas de gude

Curiosidade

- O jogo de bolinha de gude é conhecido pelas crianças de Alagoas como ximbra e, em Minas Gerais, como biroca.

Como brincar

- Cave pequenos buracos no chão de terra. No jogo de bolinha de gude, esses buraquinhos são chamados de buque, que, em nosso contexto, simbolizam as nossas comunidades. A proposta do jogo é pôr o maior número possível de bolinhas nos buraquinhos, ou seja, acolher o maior número de pessoas em nossas comunidades. O catequista posiciona algumas bolinhas no chão e entrega uma de cor diferente para um dos catequizandos, que a segurará com o dedo indicador e dará impulso com o polegar, lançando-a em direção a uma das que estão posicionadas no chão, de forma que elas se toquem, impulsionando a bolinha atingida para um dos buraquinhos, que representam a comunidade. Essa brincadeira também poderá ser feita com jogos de sinuca de brinquedo.

Oh! Como é bom, como é agradável os irmãos morarem juntos.
(Sl 133[132],1)

BOMBONS DA TRANSFORMAÇÃO

Objetivos
- Estimular a autorreflexão para a ocorrência do processo de mudança interior.
- Comemorar os frutos da caminhada.

Materiais
- Folhas de papel de seda (diversas cores)
- Bombons sem embalagem (quantidade variável, de acordo com o número de participantes)
- Caixa de som
- Música instrumental para o momento de reflexão e a música: *Xi Bom Bombom* (grupo musical: *As meninas*)

COMO BRINCAR

- Reúna os catequizandos em círculo e distribua um quadrado de papel de seda e um bombom para cada um. Lembre-se de que o doce não é para ser degustado nesse momento. Ao som de uma música instrumental, os participantes fazem uma respiração profunda e fecham os olhos por alguns instantes. Em seguida, solicite que peguem a folha e olhem para ela. Proponha a seguinte reflexão: "Esta folha é *você*, sua vida. Olhe para ela e reflita sobre os valores desenvolvidos no período da catequese – o que você aprendeu, compartilhou, vivenciou – e analise o seu comportamento, suas atitudes e ações. Convido você a balançar a folha, balance mais... mais... (a agitação das folhas produz ruídos). Agora vá amassando a folha... amasse mais... amasse bem... Abra-a sem rasgar, com cuidado, olhe para ela, que é *você*. Observe as marcas de transformação e balance-a novamente. Note que não há mais ruídos. No primeiro momento, a folha fez muito ruído; do mesmo modo ocorre conosco nos momentos de imaturidade, mas a vida se encarrega de nos modificar e nos tornar melhores. Quando nos permitimos transformar e crescer com as experiências da vida, percebemos que os conflitos (ruídos) desaparecem. Neste momento, solicito que peguem o chocolate e a folha e criem algo que simbolize essa transformação e crescimento". Participe colocando uma folha na mão e, sobre ela, o chocolate. Molde-a até formar uma flor. Deixe os catequizandos à vontade para criar. Estabeleça um tempo. Quando perceber que a maioria já terminou a atividade, coloque a música *Xi Bom Bombom* e peça que todos troquem os bombons com um abraço, o maior número de vezes que puderem, celebrando a alegria e a amizade conquistada no grupo.

O Senhor da paz vos conceda a paz em todo o tempo e em todas as circunstâncias. Senhor esteja com todos vós. (cf. 2Ts 3,16)

CHAMADA NA FAZENDA

Objetivos
- Ajudar os participantes a se libertarem de tensões que acompanham o primeiro encontro.
- Unir o grupo. Por meio desta atividade, os participantes relaxam, se aquecem, descarregam as tensões físicas e superam as reservas pessoais.

Materiais
- Cartolina
- Tesoura
- Cola
- Figuras de bichos (modelos – páginas 14 e 15)

Como brincar
- Com a cartolina, confeccione cartões de 6 x 6 cm de acordo com o número de catequizandos. Reproduza as figuras das páginas a seguir e cole-as nos cartões. Distribua um para cada participante. Faça a chamada na fazenda. Aquele que estiver com o cartão ilustrado com o animal solicitado fica em pé e imita o som dele.

Ovelha: méééé!
Pato: quá! quá!
Vaca: muuuu!
Porco: ronc! ronc!
Passarinho: piu! piu!
Galinha: cocoricó!
Cachorro: au! au!
Gato: miau! miau!
Peru: glu! glu!

Após a manifestação de cada espécie, solicite aos participantes que fiquem em pé. Inicie uma história dizendo que alguém soltou os animais da fazenda e eles precisam encontrar novamente seus celereiros, porém são deficientes visuais. Assim, cada um imita o som do bicho indicado em seu cartão e somente pela audição identifica o seu grupo. Quando um bichinho encontra outro de sua espécie, ele dá um abraço e juntos saem à procura de outros companheiros. A atividade termina quando todos estiverem agrupados.

Entra na arca, tu e toda a tua casa, porque te reconheci justo, diante dos meus olhos, entre os da tua geração. (cf. Gn 7,1)

Ciranda do Amor

Objetivos
- Favorecer a apresentação dos catequizandos.
- Possibilitar a criação de um clima de alegria e abertura, fundamentais para os próximos encontros da catequese.
- Lembrar a passagem bíblica Mt 22,34-40: *O grande mandamento*.

Materiais
- Caixa de som
- Músicas de animação
- Papel *color set* vermelho
- Figura ou uma imagem de Jesus

Como brincar
- Prepare com antecedência um porta-retratos em forma de coração com a imagem de Jesus. Divida os participantes em dois grupos de mesma quantidade. Dois círculos são formados de modo que um fique dentro e o outro fora. Os participantes permanecem um de frente para o outro. Coloque, no centro dos círculos, um pequeno banco e, sobre ele, o porta-retratos. Ponha uma música animada e peça que um grupo gire para a direta e o outro para a esquerda. Ao interromper o som, os participantes devem ficar um de frente ao outro. Ambos se apresentam dizendo o nome, a idade, o nome da escola onde estuda, o esporte que pratica, a comida de que mais gosta etc. Prossiga a atividade até que todos se conheçam. Em seguida, forma-se um único círculo de forma que todos estejam voltados para o porta-retratos. Coloque novamente a música e solicite a todos que girem para a direita, depois para a esquerda. Desligue o som e questione quem falta se pronunciar. Prossiga dizendo que um amigo de todos quer se apresentar ao grupo. Nesse momento, apresente o grande amigo ao grupo – Jesus – e conte fatos importantes de sua vida.

Caríssimos, amemo-nos uns aos outros, porque o amor vem de Deus e todo aquele que ama nasceu de Deus e conhece Deus. (1Jo 4,7)

COMUNIDADE DE AMOR

Objetivo
- Associar as três pessoas da Santíssima Trindade a uma Comunidade de amor com a utilização do jogo da velha.

Materiais
- Uma folha de cartolina
- Lápis de cor

Confecção
- Na folha de cartolina, trace dois retângulos de 18 x 36 cm e faça quadriculados de 6 x 6 cm – um deles será o tabuleiro. Recorte os quadriculados do outro e desenhe uma cruz em três deles e, nos demais, um coração.

Como brincar
- Distribua três cartões com a figura de cruz para um dos participantes e três com coração para o outro. Com um sorteio, decide-se quem inicia o jogo. Este jogador escolhe um dos nove quadrados do tabuleiro para colocar um cartão. Vence o jogo quem posicionar as figuras em linha reta (na vertical, horizontal ou diagonal) em primeiro lugar, neste caso, forma-se a Comunidade de amor.

*Ide, pois, ensinai a todas as nações,
batizai-as em nome do Pai e do Filho e do Espírito Santo.*
(cf. Mt 28,19)

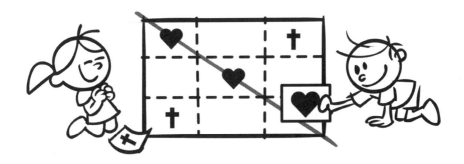

Corrida para o abraço

Objetivos
- Favorecer a aproximação das pessoas.
- Estimular a cooperação e o sentido de comunidade entre os catequizandos.

Material
- Balões de aniversário

Como brincar
- Você já brincou de *pega-pega* ou *pegador*? Vamos brincar agora de uma forma diferente. Escolhe-se um pegador entre os participantes do grupo. O eleito receberá um balão e tentará encostá-lo na altura dos ombros dos colegas. Uma vez que ele atinja um colega, este passa a ser o pegador. Porém existe uma *raia*, ou seja, uma oportunidade de os catequizandos se salvarem, que é o ato de dois colegas se abraçarem, dificultando a tarefa do pegador, já que fica impedido de encostar o balão nos ombros deles. As duplas podem permanecer abraçadas por apenas três segundos. Dependendo do número de participantes, convém ter mais de um pegador, e os participantes podem se abraçar em trios ou em grupos de quatro. Essa atividade nos faz refletir sobre a importância de ter amigos. No momento em que mais precisamos de ajuda, podemos contar com eles. Isso é viver em comunidade!

Protege-me, ó Deus: em ti me refugio. (Sl 16[15],1)

DECOLANDO RUMO AO PRÓXIMO

OBJETIVO
- Favorecer a apresentação dos catequizandos e o aprofundamento das primeiras relações de amizade entre eles.

MATERIAIS
- Papel sulfite ou de dobradura
- Canetas esferográficas
- Caixa de som
- Músicas de animação

COMO BRINCAR
- Cada participante recebe uma folha de sulfite ou de dobradura para confeccionar um avião conforme a ilustração a seguir:

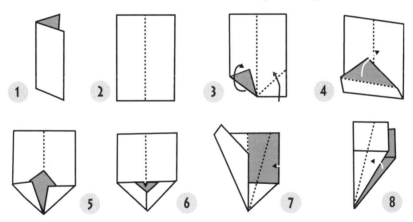

Na sequência, escreve o nome completo, o endereço, o telefone e o e-mail em uma das laterais do avião. No final do encontro, coloque uma música de fundo e solicite a todos que joguem aleatoriamente os aviõezinhos para o alto, repetindo a ação várias vezes. Após alguns minutos, desligue o som. Cada um permanece com um avião e deve enviar uma carta para o endereço indicado nele, um e-mail ou telefonar durante a semana.

A paz esteja contigo. Os amigos te saúdam. Saúda os amigos, um por um.
(3Jo 15)

GELATINA

OBJETIVO
- Proporcionar momentos de descontração antes do início de um encontro.

MATERIAL
- Avental de cozinheiro

COMO BRINCAR
- Sentados, em círculo, pergunte aos catequizandos se entre eles alguém "sabe fazer gelatina". Provavelmente, alguns responderão afirmamente e outros mencionarão que já observaram a mamãe fazendo gelatina. Em seguida, questione-os a respeito dos passos para a preparação do doce. Após a manifestação de todos, diga-lhes que realmente não sabem fazer gelatina. Solicite a todos que fiquem em pé e chame, para ficar à sua direita, alguns dos catequizandos que disseram que sabem fazer gelatina. A partir daí, você "ensina" como se faz gelatina dizendo: "A minha gelatina é feita assim...", nesse momento, execute um movimento com o corpo (por exemplo: uma onda com os dois braços). Todos do grupo deverão repetir o movimento. O catequizando à sua direita prossegue a brincadeira dizendo: "A minha gelatina se faz assim (repete o movimento anterior) e assim...", acrescentando um novo movimento ao anterior. Após diversos movimentos adicionados, os participantes se assemelharão a uma "gelatina".

Vivei sempre contentes. (cf. 1Ts 5,16)

GUARDIÃO DA BÍBLIA

Objetivo
- Incentivar um contato maior dos catequizandos com a Palavra de Deus. Esta atividade pode ser aplicada no mês da Bíblia.

Materiais
- Folha de cartolina, alfinete ou etiquetas adesivas
- Caneta hidrocor

Como brincar
- Esta atividade requer espaço amplo e pode ser realizada na rua. Providencie um crachá ou uma etiqueta com o nome de um dos livros da Bíblia de acordo com a sua divisão para cada participante. Um catequizando é escolhido para ser o *guardião da Bíblia*. O restante deles é dividido em dois grupos: AT (Antigo Testamento) e NT (Novo Testamento). O AT se abriga em uma calçada, e o NT em outra. Os catequizandos dos dois grupos devem atravessar a rua, porém, com uma perna só. O guardião que fica no meio da rua correrá atrás daqueles que tentarem atravessá-la, de modo a manter a ordem da Bíblia, impedindo que livros do AT passem para o NT. Se ele conseguir pegar alguém, este dirá uma história ou um versículo do livro que representa e se tornará o novo *guardião da Bíblia*.

Se vós permanecerdes na minha palavra, verdadeiramente sereis meus discípulos, e conhecereis a verdade, e a verdade vos libertará.
(cf. Jo 8,31-32)

Lavanderia do Senhor

Objetivo
- Assimilar os dez mandamentos da lei de Deus.

Materiais
- Barbante
- Pregadores (de acordo com o número de catequizandos)
- Cartolinas ou papel *color set* de diversas cores
- Lápis de cor, canetas hidrográficas
- Folha de sulfite ou etiquetas adesivas
- Tesoura ou estilete
- Cesta de vime
- Ferro de brinquedo
- Manual de instruções de uma máquina de lavar

Como brincar
- Confeccione antecipadamente ou com os catequizandos peças de roupas de cartolina ou papel *color set*, como calça, blusa, meias, saia, gravata, babador, vestido. Faça uma peça para cada um, com a medida de uma folha de sulfite. Ilustre os desenhos com fitas, botões, zíper e lantejoulas. Se você utilizar etiquetas, fixe-as no meio de cada peça e escreva um dos dez mandamentos. Se preferir utilizar as roupinhas para outros fins (citações do pai-nosso, sacramentos, dons do espírito santo), recorte tiras de papel e escreva a respeito deles. Na roupa de papel, faça duas aberturas na vertical para transpassar a tira. Ponha as peças em um cesto de vime. Na sequência, compare o ser humano com uma máquina de lavar:
  - ✓ Com a máquina de lavar roupas, vem um manual de instruções, indicando como utilizá-la e conservá-la (mostre o manual de instruções de uma máquina de lavar ou simplesmente leia as instruções). Exemplo: A voltagem indicada é 110. O que acontece se eu ligar no 220W?

- ✓ Nós também somos uma máquina – a máquina humana, capaz de desempenhar muitas funções. Deus nos deixa os dez mandamentos para que, por meio deles, sejamos orientados a sempre produzir bons frutos e, conseqüentemente, ter uma vida saudável.
- Neste momento, pegue o cesto de vime com as peças de roupas já identificadas com os mandamentos e diga: "Vejam, acabei de lavar estas roupas, vocês poderiam me ajudar a colocá-las no varal?". Um por um se dirige ao cesto, retira uma peça e pendura no varal enquanto lê o mandamento escrito na etiqueta. No final do encontro ou no próximo, convide os catequizandos para recolher as roupas do varal, passá-las com um ferro de passar de brinquedo e ler novamente o mandamento retirado. Para que todos memorizem, à medida que um fala, os demais repetem. É uma forma lúdica de memorização e pode ser utilizada para outros objetivos também, como a fixação de versículos bíblicos, orações, enfim, para tudo o que precisamos saber *de cor*, ou seja, *de coração*!

*É o Senhor quem dá a Sabedoria,
e de sua boca procedem conhecimento e prudência.* (Pr 2,6)

MÍMICA DAS PARÁBOLAS

Objetivos

- Propor um estudo ou uma reflexão sobre as parábolas do Reino.
- Fomentar a desinibição.
- Incentivar a criatividade.
- Valorizar os talentos ocultos.

Materiais

- Fichas pautadas ou cartões de cartolina
- Caneta hidrográfica
- Lápis de cor
- Bíblia

Como brincar

- Transcreva algumas parábolas da Bíblia nas fichas pautadas. Os textos podem ser digitados, recortados e colados nas fichas ou nos cartões. Outra sugestão é recorrer a uma ilustração que melhor represente a parábola, desenhar os personagens e lembrar-se de marcar o nome da parábola e a citação bíblica. Figurinhas com ilustrações das parábolas de Jesus podem ser encontradas no livro *Um ano com Jesus*: ano A – Paulinas Editora. Reúna o grupo e indique uma pessoa para retirar uma ficha e fazer a mímica da parábola indicada. Os demais tentam adivinhar o nome dela. Quem acertar será o próximo a elaborar uma mímica. Para facilitar, escreva no quadro a relação dos nomes das parábolas, pois facilita o trabalho do grupo.

*Feliz aquele que encontrou a Sabedoria
e que alcançou grande prudência.*
(Pr 3,13)

MORTO OU VIVO

OBJETIVO
- Levar o catequizando a refletir sobre a ressurreição. Jesus é a verdadeira aliança entre Deus e a humanidade. Assim como ele ressuscitou para uma vida nova, nós também o faremos para uma existência eterna com Deus. Esta atividade pode ser aplicada nos encontros de preparação para a Páscoa.

COMO BRINCAR
- Posicione os catequizandos um ao lado do outro formando uma barreira. Desenhe no chão um círculo e escreva nele CÉU. Os participantes seguem a sua indicação. Ao dizer *morto*, eles devem se agachar; ao pronunciar *vivo*, voltam à posição anterior (em pé). Acelere o ritmo dizendo *vivo, vivo / morto, vivo / morto, morto...* Aquele que realizar o movimento contrário ao direcionado por você, deixa a barreira para ocupar o círculo. Ao final da atividade, todos ganham pequenas lembranças, símbolos de uma vida nova, como alegria pela ressurreição, até mesmo o último, porque um dia este também ressuscitará para a vida eterna com Deus, e para nós, cristãos, isso é motivo de grande alegria.

Por que buscai entre os mortos, aquele que está vivo?
(cf. Lc 24,5)

O PASTOR MISERICORDIOSO

Objetivos
- Ilustrar a mensagem transmitida na parábola da ovelha perdida.
- Refletir sobre a vida, o pecado e o arrependimento para uma reconciliação de coração para com o Pai Misericordioso.

Materiais
- Retalhos de tecido
- Agulha, linha
- Tesoura
- Grãos de arroz

Como brincar
- Para cada grupo de cinco pessoas, faça cinco saquinhos de tecido na medida de 5 x 5 cm e encha-os com grãos de arroz. Um deles deve ser confeccionado de tecido marrom ou vermelho em formato de coração, representando o pastor misericordioso, e os demais de tecido branco ou bege, como se fossem as ovelhinhas. Divida os catequizandos em grupos de cinco pessoas. A brincadeira é conhecida por algumas pessoas como cinco-marias. O catequizando forma uma casinha com uma das mãos, apoiando-a no chão. Com a outra, joga o pastor (saquinho marrom) para cima, enquanto joga uma ovelhinha (saquinho branco ou bege) na casinha, até que todas as quatro ovelhinhas sejam guardadas. Então, passa a vez para outro. Esta atividade constitui as seguintes fases:

1. Jogue o pastor para cima enquanto guarda duas ovelhinhas de uma só vez na casinha.
2. Jogue o pastor para cima ao mesmo tempo que guarda três ovelhinhas de uma só vez na casinha, faltando apenas a ovelhinha travessa.
3. Jogue o pastor para cima enquanto guarda todas as ovelhinhas na casinha.

O Senhor é o meu pastor, nada me falta.
(Sl 23[22],1)

A PRESENÇA DE DEUS NOS DEIXA FELIZES

Objetivo
- Transmitir a Palavra de Deus. Ele está no céu, no mar e em toda parte, até mesmo nos momentos lúdicos, e se revela por meio das pessoas. Todos nós somos chamados à vocação, cabe a nós aceitá-la e revelar sua Palavra aos nossos amigos.

Materiais
- Duas bolas de plástico
- Caneta hidrográfica ou etiquetas adesivas

Como brincar
- Com a caneta hidrográfica, escreva nas extremidades das bolas a palavra DEUS ou utilize etiquetas adesivas para isso. Forme duas fileiras, com igual número de catequizandos, posicionados um atrás do outro com as pernas ligeiramente afastadas, formando um túnel. O primeiro de cada fila recebe uma bola; ao sinal de partida, ergue os braços e passa-a por cima, até que o último catequizando a receba. Nesse instante, o último da fila passa por baixo do túnel, ou seja, embaixo das pernas dos colegas até chegar ao início da fileira. A brincadeira prossegue até que todos os participantes retornem à posição inicial do jogo, isto é, quando o catequizando que iniciou a atividade for novamente o primeiro da fila.

Povos todos, batei palmas, aclamai a Deus com vozes alegres. (Sl 47,2)

Pulo para a liberdade

Objetivos

- Ilustrar a mensagem do texto bíblico *Passagem do mar Vermelho* (Ex 14,1-31).
- Refletir sobre a Páscoa judaica, passagem da escravidão para a libertação e início da caminhada do povo de Deus.

Materiais

- Corda grande
- Caixa de som e música

Como brincar

- Ao som da música *O mar se abriu*, segure uma das extremidades da corda e rode-a no chão. Os catequizandos devem pulá-la no momento em que ela se aproximar dos pés. Dê um sinal para que eles se afastem e comece a girar a corda, mas, desta vez, para cima. Todos devem ficar ajoelhados embaixo dela enquanto é girada. Novamente, dê um sinal para que eles abandonem a corda. Inicie o movimento anterior – girar a corda no chão.

O mar se abriu – D.P. (*slow rock*)
```
D         Em    A7       D
```
E o mar se abriu e o povo passou...
```
   Bm    Em    A        D
```
E os israelitas louvaram o Senhor (bis)
```
             G   A      D
```
Pro homem de fé Deus abre o caminho... (bis)
```
             Em    A      D
```
E o mar se abriu e o povo passou...
```
         Em    A7      D
```
E os israelitas louvaram o Senhor (bis)
```
             G   A      D
```
Pro homem sem fé... fecha-se o caminho... (bis)
```
             Em     A       D
```
E o mar fechou e o Egito se afogou...
Glu, glu, glu, glu

O Senhor é minha força e o objeto do meu cântico,
foi ele quem me salvou. Ele é o meu Deus, eu o celebrarei;
o Deus de meu pai, eu o exaltarei. (cf. Ex 15,2)

Quem dança seus pecados espanta

Objetivo
- Refletir sobre o pecado e o sacramento da reconciliação.

Materiais
- Uma cadeira para cada catequizando
- Folhas de sulfite
- Jogo de pincel atômico
- Fita crepe
- Caixa de som
- Músicas para recreação

Como Brincar
- Disponha as cadeiras em círculo, uma delas permanece no centro, onde será fixado um crachá com a palavra Deus, antecipadamente elaborado. Peça que cada catequizando escreva um "pecado" (por exemplo, egoísmo, guerra, inveja, fofoca) em uma folha de sulfite dobrada e fixe-a com fita crepe no braço da cadeira. Se a cadeira não tiver essa parte, cada participante escreve a palavra na posição horizontal da folha e cola no encosto da cadeira. Ao som de uma música animada, os catequizandos começam a dançar em volta da cadeira. Você se responsabiliza pelo controle da música. Caso não possua um aparelho de som, o grupo canta uma ciranda enquanto dança. Sugestão: "Criança, criançada / Está na hora de dançar / Com amor e com perdão / O pecado eliminar" (Melodia: *Ciranda, cirandinha*). Essa brincadeira é um pouco diferente da original. Nessa versão, não excluímos ninguém, ao contrário, a intenção é agrupar cada vez mais os catequizandos. A única exclusão que ocorre durante a brincadeira é a do pecado. Cada vez que a música para, tira-se uma cadeira, ou seja, um pecado é eliminado, porém o catequizando não sai do jogo. Como um assento é retirado cada vez que a música é interrompida, os donos deles se ajeitam nas cadeiras dos colegas, como sinal de reconciliação. A cada eliminação, "provoque" o grupo, por exemplo: "Pessoal, sem o egoísmo dá para continuar?". A brincadeira prossegue até que todos os pecados sejam eliminados. Somente a cadeira do centro permanece, onde todos se agruparão uns sobre os outros.

Quando pedimos perdão dos nossos pecados e nos reconciliamos com nossos irmãos, nós nos aproximamos de Deus, que está sempre pronto a nos acolher, perdoar e nos dar amor. Proponha um desafio para o grupo: "Pessoal, como cada pessoa é imagem e semelhança de Deus e templo do Espírito Santo de Deus, se tiramos essa cadeira, dá para continuar?". A proposta é que, ao interromper a música, todos formem um círculo; afinal, todos estarão amontoados em uma cadeira.

Se reconhecemos nossos pecados, então Deus se mostra fiel e justo, para nos perdoar os pecados e nos purificar de toda justiça.
(1Jo 1,9)

Retrato

Objetivos
- Favorecer a sociabilização e o autoconhecimento dos catequizandos.
- Estimular a participação e a cooperação do grupo.

Materiais
- Folhas de sulfite
- Canetas esferográficas
- Fita crepe
- Caixa de som
- Músicas para animação

Como brincar
- Ao som de música, entregue uma folha de sulfite para cada catequizando e solicite que façam duas linhas horizontais e duas verticais paralelas, dividindo-a em nove partes. Em seguida, cada um deve fixá-la nas costas com fita crepe, de modo que os nove quadrados fiquem à mostra. Explique a atividade dizendo que todos estão convidados a fazer um *book* fotográfico composto de nove fotos e que, ao ouvirem um sinal, cumprimentem o colega com um aperto de mão (ou uma forma divertida de se apresentar) e desenhem o rosto uns dos outros nas partes da folha, até que todos consigam completar o filme, ou seja, ter os nove retratos desenhados. Em seguida, sentados em círculo, peça que retirem das costas a folha e apreciem as caricaturas feitas pelos colegas. Observe suas atitudes e conduza o grupo para uma avaliação da atividade.
  ✓ Como me senti com a responsabilidade de desenhar meu colega?
  ✓ Será que desenhei o meu colega com o mesmo cuidado que gostaria de ser desenhado?
  ✓ Fiquei preocupado para que os espaços da minha folha fossem concluídos ou colaborei com os colegas na produção de seus desenhos?
  ✓ Como foi receber a revelação das minhas fotos? Será que é essa a primeira impressão que estou deixando para as pessoas do meu grupo?

  Observação: solicite aos catequizandos que nomeiem a folha. Em seguida, recolha-as e fixe-as em um mural.

Louvai-o com címbalos sonoros, louvai-o com címbalos retumbantes; todo ser vivo louve o Senhor. Aleluia! (Sl 150,5)

SALADA MISTA DA AMIZADE

Objetivos
- Favorecer a integração do grupo.
- Ajudar a romper as barreiras de desconfiança em virtude do pouco conhecimento existente entre os integrantes.
- Possibilitar a abertura do coração e a partilha dos sentimentos.

Como brincar
- Dois catequizandos são escolhidos. Um mantém os olhos do outro vendados. Aquele que tapou os olhos do colega lhe pergunta "para esse?", indicando cada um do grupo. O catequizando com os olhos vendados deve responder *sim* ou *não*. Se a resposta for negativa, outro catequizando lhe é indicado; caso seja afirmativa, pergunte-lhe: "Quer pera, uva, maçã ou salada mista?". Pera significa dar um aperto de mão no colega; uva, um abraço; maçã, um beijo no rosto, e salada mista é a reunião de todas as ações: um aperto de mão, um abraço e um beijo no rosto. Após a escolha, abre os olhos e realiza o que escolheu.

Amai-vos cordialmente uns aos outros com amor fraternal.
(cf. Rm 12,10)

SALVEM AS FAMÍLIAS

OBJETIVOS

- Motivar o grupo para análise e reflexão de conflitos relacionados à vida familiar.
- Incentivar a interação entre os catequizandos para solução pacífica de conflitos.
- Valorizar as virtudes.
- Lembrar o texto bíblico de Lucas 2,41-52.

MATERIAIS

- Papel *color set*
- Folhas de sulfite
- Pincel atômico
- Tesoura
- Cola
- Barbante

    Observação: ao realizar uma oficina sobre o livro *Brincando na catequese,* na Livraria Paulinas de Porto Alegre, um grupo de catequistas apresentou esta atividade com o tema *família,* inspirada no personagem infantil Chapolim Colorado, que agora partilho com vocês.

COMO BRINCAR

- Divida os catequizandos em dois grupos: A e B. Cada um do grupo A escolhe uma virtude (amizade, amor, compreensão, respeito) para representar. Em um retalho de papel *color set,* desenha um coração grande e escreve o nome da virtude nele, que deve ser pendurado no pescoço com a utilização de um barbante. O grupo B forma a *família problema.* Cada um recebe uma folha de sulfite, que também deverá ser pendurada no pescoço com o auxílio de um barbante, escolhe um problema familiar para representar e escreve-o na folha. Um participante do grupo A inicia o jogo relatando um problema familiar, por exemplo: "Falta diálogo em minha família, quem poderá me ajudar?". A família das virtudes entra em ação: os integrantes se reúnem, refletem sobre o problema e elegem a melhor delas para solucionar a falta de diálogo. A virtude eleita se apresenta, expõe os motivos pelos quais ocorre a falta de diálogo e abraça o catequizando que apresentou o problema. A atividade finaliza com um grande abraço entre todos os catequizandos; pode-se cantar o refrão da música *Oração pela família* (Pe. Zezinho – *Alpendres, varandas e lareiras*).

Sabemos que tudo contribui para o bem daqueles que amam a Deus, daqueles que são chamados segundo o seu desígnio.
(Rm 8,28)

Sopro da unidade

Objetivo

- Mostrar a importância e a força da eucaristia. Esta atividade pode ser aplicada nos encontros de preparação para a primeira eucaristia. A missa é uma grande festa que une os cristãos pela eucaristia, além de ser o alimento que fortalece a caminhada cristã. Nela encontramos força para enfrentar e superar os problemas.

Materiais

- Chapeuzinhos de aniversário
- Barbante
- Folhas de sulfite
- Papel de dobradura
- Furador
- Retalhos de cartolina nas cores amarelas e brancas

Como brincar

- Reproduza os bonecos (conforme modelo da página seguinte), com papel de dobradura, de acordo com o número de catequizandos, e identifique-os com o nome de cada um. Divida-os em dois grupos. Faça dois varais de barbante. Perfure os bonecos e transpasse-os no barbante. Com os retalhos de cartolina, confeccione dois cálices e duas hóstias (conforme modelo), simbolizando a eucaristia, e fixe os símbolos no final de cada varal. Todos recebem um chapeuzinho de aniversário. Se for possível, divida-os de acordo com as cores do chapeuzinho. Cada grupo se dirige a um varal. A atividade consiste em unir todos os bonecos pelo sopro, conduzindo-os até o final do varal. Cada participante deve soprar um de cada vez. A força do sopro do grupo moverá os bonecos até a eucaristia. *Sugestão:* celebrar a festa da vida com orações, cantos e partilha do pão e suco de uva.

*Vede que grande presente de amor o Pai nos deu:
sermos chamados filhos de Deus! E nós o somos!
Se o mundo não nos conhece, é porque não conheceu o Pai.* (1Jo 3,1)

TEMPESTADE ABRANDADA

OBJETIVO

- Ilustrar a virtude da fé e da confiança transmitida na passagem bíblica da tempestade abrandada.

MATERIAIS

- Bíblia
- Local apropriado para brincadeiras com água
- Mangueira/esguicho

    Observação: é necessário informar aos pais que esta atividade envolve uma brincadeira com água, e os catequizandos devem trazer um traje de banho ou uma troca de roupa, além de uma toalha.

COMO BRINCAR

- Reúna os catequizandos e realize a leitura do evangelho de Jesus Cristo segundo Mateus 8,23-27. Conduza o grupo a uma reflexão sobre a passagem bíblica e dê enfoque para a confiança que todos devem ter em Deus, mesmo nos momentos difíceis da vida. Na sequência, proponha uma dramatização: um dos catequizandos representa Jesus, alguns os apóstolos, e a maioria forma o barco, que deve simular os movimentos da embarcação antes e durante a tempestade. A dramatização deve ser feita de forma natural e espontânea, com vocabulário próprio dos catequizandos. Durante a narração e no momento da tempestade, com uma mangueira, molhe o grupo. Finalmente, partilhe os sentimentos vivenciados pelo grupo. Certamente, essa passagem bíblica será uma das mais emocionantes e prazerosas de ter sido vivenciada por eles.

    Quem é este homem a quem até os ventos e o mar obedecem?
    (cf. Mt 8,27)

Um, dois, três!

Objetivo
- Aquecimento, descontração, extravasamento, formação de pares. Esta atividade pode ser utilizada para ilustrar encontros sobre os talentos, os dons que recebemos de Deus, os quais cabem a nós colocar a serviço do próximo. Na comunidade, um depende do outro, assim é preciso saber valorizar e respeitar o tempo de cada um.

Como brincar
- Solicite aos participantes que se agrupem em duplas e se posicionem um de frente para o outro. Cada um deverá contar a sequência de três da seguinte forma: um deles inicia a brincadeira dizendo *um*, o colega da frente responde *dois* e o primeiro novamente fala *três*. Assim sucessivamente por alguns instantes. Em seguida, introduza um movimento: aquele que disser *um* deve bater uma palma. Prossegue a brincadeira, até que você sinalize ao grupo um novo movimento: dar um pulo toda vez que se pronuncia o número *dois*. A brincadeira começa a complicar. Para finalizar, solicite ao grupo que, ao pronunciar o número *três*, a mão direita deverá encostar-se ao joelho esquerdo. A brincadeira prossegue até que todos estejam descontraídos e motivados para o início de um trabalho posterior.

Onde dois ou três estiverem reunidos em meu nome,
eu estarei no meio deles.
(cf. Mt 18,20)

Brinquedoteca da Catequese

Vamos montar uma brinquedoteca para a catequese? É um recurso pedagógico de grande valor, porque os catequizandos usufruem a oportunidade de criar e reforçar conceitos brincando.

Atualmente, a maioria das crianças vive entretida com *videogame*, jogos eletrônicos, bichinhos virtuais, brinquedos que muitas vezes inibem a criatividade, porque já vêm prontos, programados para apenas apertar botões. Esses jogos tendem a valorizar o individualismo e a competição, o que pode levar ao distanciamento das relações interpessoais.

A ação de brincar contribui para resgatar o direito à infância dos catequizandos, tornando-os protagonistas de sua educação na fé, em que autonomia, criatividade e iniciativa serão desenvolvidas.

Passo a passo

- ✓ Solicite doações de brinquedos da comunidade e dos próprios catequizandos.
- ✓ Organize-os em caixas e guarde-os em um armário.
- ✓ Identifique as caixas com fichas de sugestões para a utilização dos brinquedos nos encontros da catequese. Exemplo: vaivém – brinquedo utilizado para encontros sobre relacionamento, troca de sentimentos, partilha, ajuda mútua etc.
- ✓ Relacione todos os brinquedos e fixe a lista na porta do armário.

É interessante disponibilizar sucata e materiais reciclados para que a criança tenha a oportunidade de criar os próprios brinquedos, além de explorar e manipular objetos diferentes.

SUGESTÕES DE BRINQUEDOS PARA A BRINQUEDOTECA DA CATEQUESE		
• Argolas • Bambolê • Baralho • Blocos para montar • Bolas (praia, meia etc.) • Boliche • Bolinhas de gude • Bolinhas de sabão • Cavalinho de pau	• Cinco-marias • Corda • Dominó • Fantoches • Frasqueira • Ioiô • Jogo de botão • Jogo do mico • Perna de pau	• Peteca • Pião • Pingue-pongue • Sacos • Quebra-cabeça • Trilhas • Vaivém • Varetas

Declaração Universal dos Direitos da Criança

"A criança terá direito à alimentação, habitação, recreação e assistência médica adequada." (4)

"A criança terá ampla oportunidade para brincar e divertir-se." (7)

BIBLIOGRAFIA

Brotto, F. O. *Jogos cooperativos – Se o importante é competir, o fundamental é cooperar*. Santos, Editora Projeto Cooperação, 1999.

Gonzales, M. *Você não é uma ilha – Dinâmica de grupo*. São Paulo, Paulinas, 1993.

Maccari, N. *Vivendo e convivendo – Dinâmicas de grupo*. São Paulo, Paulinas, 1997.

Manual de brincadeiras da Mônica. Rio de Janeiro, Globo, 2001.

Pereira, M. S. *Jogos na escola, nos grupos, na catequese*. São Paulo, Paulinas, 1981.

Revista *Jogos cooperativos*, Sorocaba, Lannes Consulting S/C, abril e maio, 2002.

SUMÁRIO

Introdução 5
Esquema de trabalho para oficinas 6
Acolhida dos cristãos 7
Adoleta dos doze apóstolos 8
Bola mágica de surpresas 9
Bolinhas missionárias 10
Bombons da transformação 11
Chamada na fazenda 13
Ciranda do amor 16
Comunidade de amor 17
Corrida para o abraço 18
Decolando rumo ao próximo 19
Gelatina 20
Guardião da Bíblia 21
Lavanderia do Senhor 22
Mímica das parábolas 24
Morto ou vivo 25
O pastor misericordioso 26
A presença de Deus nos deixa felizes 27
Pulo para a liberdade 28
Quem dança seus pecados espanta 30

Retrato 32

Salada mista da amizade 33

Salvem as famílias 34

Sopro da unidade 36

Tempestade abrandada 38

Um, dois, três! 39

Brinquedoteca da catequese 40

Declaração Universal dos Direitos da Criança 42

Bibliografia 43

Rua Dona Inácia Uchoa, 62
04110-020 – São Paulo – SP (Brasil)
Tel.: (11) 2125-3500
http://www.paulinas.com.br – editora@paulinas.com.br
Telemarketing e SAC: 0800-7010081